グラミン銀行創設者･ノーベル平和賞受賞者

ユヌス教授のソーシャル･ビジネス

まんが版

企画・構成　加来 耕三

原作　すぎた とおる

作画　早川 大介

はじめに

本書は、マイクロ・クレジットという少額融資を通して、母国バングラデシュの貧しい女性たちを、経済的にも、人間的にも自立へ導き、平成十八年（二〇〇六）にノーベル平和賞を受賞したムハマド・ユヌス博士の偉業を取り上げたものである。

ユヌス氏は現在もなお、自国はもとより世界各地で、社会的貧困からの救済事業を次から次へと力強く展開している。本書では、彼が着手し発展させてきた「ソーシャル・ビジネス」の歴史と現在を、その誕生から今日に至るまでの壮大な社会実験として光をあてた。

この出版は、「ソーシャル・ビジネス」の日本での普及に独自のメソッドで挑んでいる九州大学ユヌス&椎木ソーシャル・ビジネス研究センター／グラミン・クリエイティブ・ラボ@九州大学と、〝社会貢献事業としての職業教育〟をミッションとする滋慶学園による共同研究の一環として生まれた。若者文化の象徴としての、マンガという世界共通言語を表現手段にしたのは、ひとえにユヌス・プロジェクトが目指す普遍性を、より多くの人々に広めたいがゆえである。
本書を通して一人でも多くの若者に、「ソーシャル・ビジネス」への理解と共鳴、そして行動を得ることができれば嬉《うれ》しい。貧困や他の社会環境的困難・脅威からの解放、この事業を、慈善事業やボランティアとしてではなく、あくまでもビジネスとして、実現し継続していくというユヌス氏のプロジェクトが、地域社会や国々の壁、課題を超えて、いかに展開されてきたのか。また、それが事業の担い手であるべき各国の若者の関心と情熱にいかに結びついてきたのか。この重要なプロセスが、〝まんが〟によって忠実に分かりやすく再現されているはずだ。さらに広く深く、「ソーシャル・ビジネス」への理解と参加へのエネルギーに転換していってほしいものである。
世界はいま、どのような状況にあり、何が必要なのか。「その課題と解決を担うのは、キミたち若い世代の熱意と行動力だ」という、ユヌス氏の心からのメッセージが、より多くの読者の胸に届くことを願う。

平成二十六年　錦秋の頃　『ユヌス教授のソーシャル・ビジネス　まんが版』制作委員会

グラミン銀行創設者・ノーベル平和賞受賞者
ユヌス教授のソーシャル・ビジネス まんが版

目次

解説

第1章　少年時代

2006年12月10日
オスロ シティホール
本年の
ノーベル平和賞を
ムハマド・ユヌス氏と
グラミン銀行に
贈ります
パチ
パチ
パチ
パチ

パチ パチ パチ パチ パチ パチ パチ パチ パチ パチ
長い道のりだった……
私の少年時代
まだバングラデシュは
独立しておらず
東パキスタンと
呼ばれていた
イギリスの
植民地からの独立は
ようやく果たしたものの
東パキスタンの
ベンガル人は
西パキスタン人に比べ
差別されていた
イスラマバード
西パキスタン
東パキスタン
（現在のバングラデシュ）
ダッカ
インド

私が少年時代を過ごしたのはチッタゴン市のボクシラート通りにある家であった
ダッカ
チッタゴン
父は宝石商として私を含め9人の子供を育てた
私は長男と長女に続く3番目の子供で穏やかな父と思いやりあふれる母に私たちは育てられた
いいですか小遣いは計画的に使うのですよ
うん！わかったよ母さん！
私に計画性と贅沢《ぜいたく》への戒めを教えてくれたのも両親であった
私の経済学の第一歩は父と母による指導だったかもしれない

ワアッ
私の少年時代は幸せなものであった……
ユヌス 10歳
ただいま
!

父さんだ！みんな机に戻って！
ほう勉強していたのか感心感心
ところでユヌス本がさかさまだよ
父はユーモアの精神にあふれた人でもあった

中学に入ると私はボーイスカウトの活動を始めた
私は優秀なボーイスカウトになるべく努力を続け……
その努力は報われリーダーの一人に選ばれた
そしてボーイスカウトとして訪れたタージ・マハルで……
ハク校長どうしたのですか？
あ…ああユヌス君かね……

この先どうなるのかわからない私たちの運命を思うとね……
「イギリスの植民地」というくびきからは解放されたものの私たちの東パキスタンは民族的にも地理的にも西パキスタンとは離れている……
これから私たちの祖国はどうなっていくのか……その不安は私にもわかった
校長先生……
私はこの頃からカジ・サヘブ氏に人生を学ぶようになった
ほう……外国へ行くのかね？
はいっ！今から楽しみで仕方ありません！
一九五五年私はボーイスカウトのワールド・スカウトジャンボリーに参加するためカナダへ行くことになった

若いうちに
世界を見るのはよい
そしてその経験を
祖国のために
活《い》かすのじゃ
ニコッ
ボーイスカウトの
リーダーである
スザ氏の提案により
その旅行は
ちょっとした
世界旅行になった
私たちが
初めて目にした
ヨーロッパは
オランダの
アムステルダム……
そしてアメリカ
ニューヨークの
エンパイヤ・
ステート・ビル
こんなに
高い建物を
建てるだなんて……
すごい
テクノロジーだ……

ニューヨーク市街
物価の高さにも驚かされたがニューヨークは刺激的な場所であった
!
アメリカも全てが豊かというわけではないんだな……

そして我々は
カナダの
ジャンボリーに
参加した後……
大西洋を
船で渡り
イギリスへと
足を運んだ
ロンドン
ピカデリー・サーカス
ヨーロッパでは
女性が
元気だな……

それからドイツ
ギリシャ トルコ
イラク……
そしてインドを
経由して
故郷の
東パキスタンへと
戻った

また私は別の機会にやはりボーイスカウトとして日本を訪れている
美しい自然と進んだ文化を持つこの国のことが私は好きになった

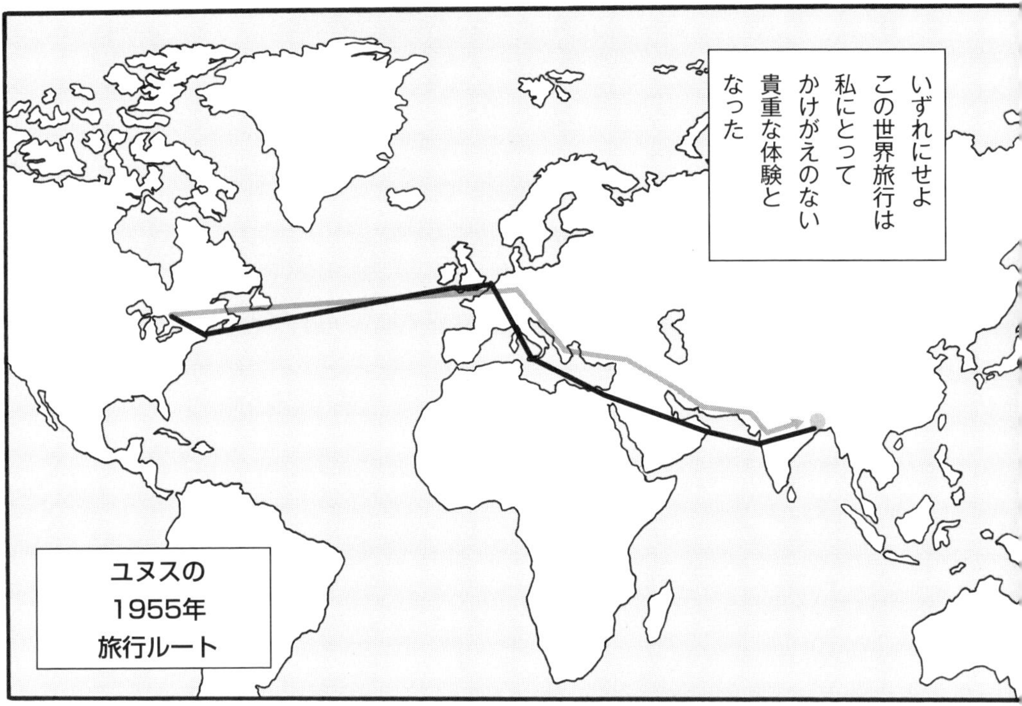
いずれにせよこの世界旅行は私にとってかけがえのない貴重な体験となった
ユヌスの1955年旅行ルート

旅はどうだったかね？
僕はほかの国は全てが豊かだと思っていました

ですが先進国と言われるアメリカにも貧困があったのです
全てが理想的な国など存在せん……しかし
我々は自分の国を理想の国にするための歩みを止めてはならない
貧困にあえぐ人々はこの国だけではなく世界中のいたる所にいる……
貧富の差をなくすことは決して容易ではないでしょう
しかし経済の力があればそれを解決することは不可能ではないと思うんです
今回の旅で僕には大きな目標ができました

僕は経済学を学びます
そして少しでも多くの貧困をなくしていきたい！
うむ！

第2章　アメリカ留学

ダッカ大学を卒業した私は一九六一年にチッタゴン大学で経済学の講師になった
ユヌス 21歳
また この時期 私は生まれてはじめてのビジネスに取り組んでもいた
父さん……
こういうパッケージのような紙製品は全部
西パキスタンから輸入しているのを知っていたかい？
ほう……

だったら東パキスタンにも工場を作れば
市場を独占できると思うんだ！
それはいい考えだしかし……
銀行はお金を貸すと約束してくれたんだ
あとは父さんがうんと言うだけさ
これは僕たちだけが儲けるためじゃない
東パキスタンが豊かになるためのビジネスなんだよ！

父は銀行から融資を受けることに消極的だったが私はなんとか説き伏せた
このビジネスは成功し私は起業家としてやっていける自信が持てた
そんな私にアメリカが各国で募集しているフルブライト奨学金でアメリカに留学するチャンスが訪れた
アメリカ……か！
私はこのチャンスを活《い》かすことにした

こうして私はアメリカテネシー州のヴァンダービルト大学へ留学した
だがそこでの学生生活は私にとって驚きの連続だった
教師と学生がファーストネームで呼び合っているのも驚きなら女性が開放的な格好で歩き回っているのも驚きだった
僕たちの国とはずいぶん違う……色々な価値観があるものだな

アメリカへようこそ
!
驚いたな……どうして僕がアメリカに来たばかりだとわかったんだい?
私をじろじろ見てたから

すまない……
気にしないで この国では 女性が ウェイトレスを するのよ
ところで 注文は？
アメリカでは 彼女のように 女性が様々な 職業に就いて いるという事が 興味深かった
大学にて
経済学に 公式は ない！

大切なのはコンセプトを理解することだ！
経済学部教授
ゲオルグシュ・ローゲン
ローゲン教授の講義は学問に対する信念が強固だった
それゆえ成績に対して厳しい態度をとっていたので学生からは煙たがられていたのだが……
彼の講義を聞けたことは私にとってアメリカで一番の収穫であった

※『ムハマド・ユヌス自伝』（早川書房）に拠る。現地では3月26日

一九七一年三月二十五日※……私がまだアメリカのミドルテネシー州立大学で経済学を講じていた頃……
バングラデシュ独立戦争が勃発した
西パキスタン側が東パキスタンに侵攻を開始……
とうとう始まったか……
僕たちは決めなくてはならない！
パキスタン人のままでいるかバングラデシュ人として生きるのか……

西パキスタンに虐げられるのはもうたくさんだ！
俺は革命政府の側を選ぶ！
僕もだ！
よし！僕たちも立ち上がろう！
私は独立戦争の情報収集やニュースの編集発行などをおこない……
INDEPENDENCE OF BANGLA DESH
在アメリカのベンガル人に声をかけ連邦議事堂前でのデモ行進などバングラデシュ独立のための支援活動を全面的に展開した

ヨーロッパ某国大使館
さらにデモ活動だけではなく私は各国の大使館を回りバングラデシュ独立を支援してくれるよう頼み込んだ
パキスタンとバングラデシュは人種的にも文化的にも異なる地域でひとつの国家として独立したことがそもそも間違いだったのです
われわれは今その間違いを正そうとしています
……ですがバングラデシュを支援してわが国にどんなメリットが？

今新しい国家が誕生しようとしているのです
可能性は無限にあります!
私は経済学を研究していますが経済をもっとも刺激するのは新しい試みへの投資です!
……
なるほど!
そして一九七一年十二月十六日バングラデシュはついに独立を果たした
ミドルテネシー州立大学との契約を終え次第すぐに帰国することにした私を同僚たちは温かく送り出してくれた

バングラデシュがついに独立したな帰ったら新しい国作りが待っているぞ
ああ……だが私はバングラデシュだけで自分の人生を終わらせるつもりはない
貧困をはじめ世界には解決すべき問題が山積みだ
いずれは世界でそんな問題を解決できるような仕事をしたいと思うんだ！
そうか頑張れよ
私もいつでも力を貸そう！
こうして私はアメリカを後にし新たな一歩を踏み出した

第3章　夢の種をまく

一九七二年
理想に燃えて
バングラデシュに
戻ってきた私は
国家計画委員会の
経済部門の
副部長
という肩書きを
与えられた
しかし
具体的な
仕事は
何もなく
私は毎日
新聞を
眺めて
過ごす事と
なった……
私は
こんな事を
するために
この国に
戻ってきたん
じゃない！
もちろん
私は
抗議して
この職を
辞任し……

チッタゴン大学の経済学学科長のポストを得た
ブロロロロロ…
新しい仕事はやりがいがあったしかし……
キッ
……

通勤途中に
見る貧しい
農村の姿は
私を憂鬱《ゆううつ》に
させた
ちょっと
いいかい？
どうして
この耕地には
作物が
植えられて
いないんだ？

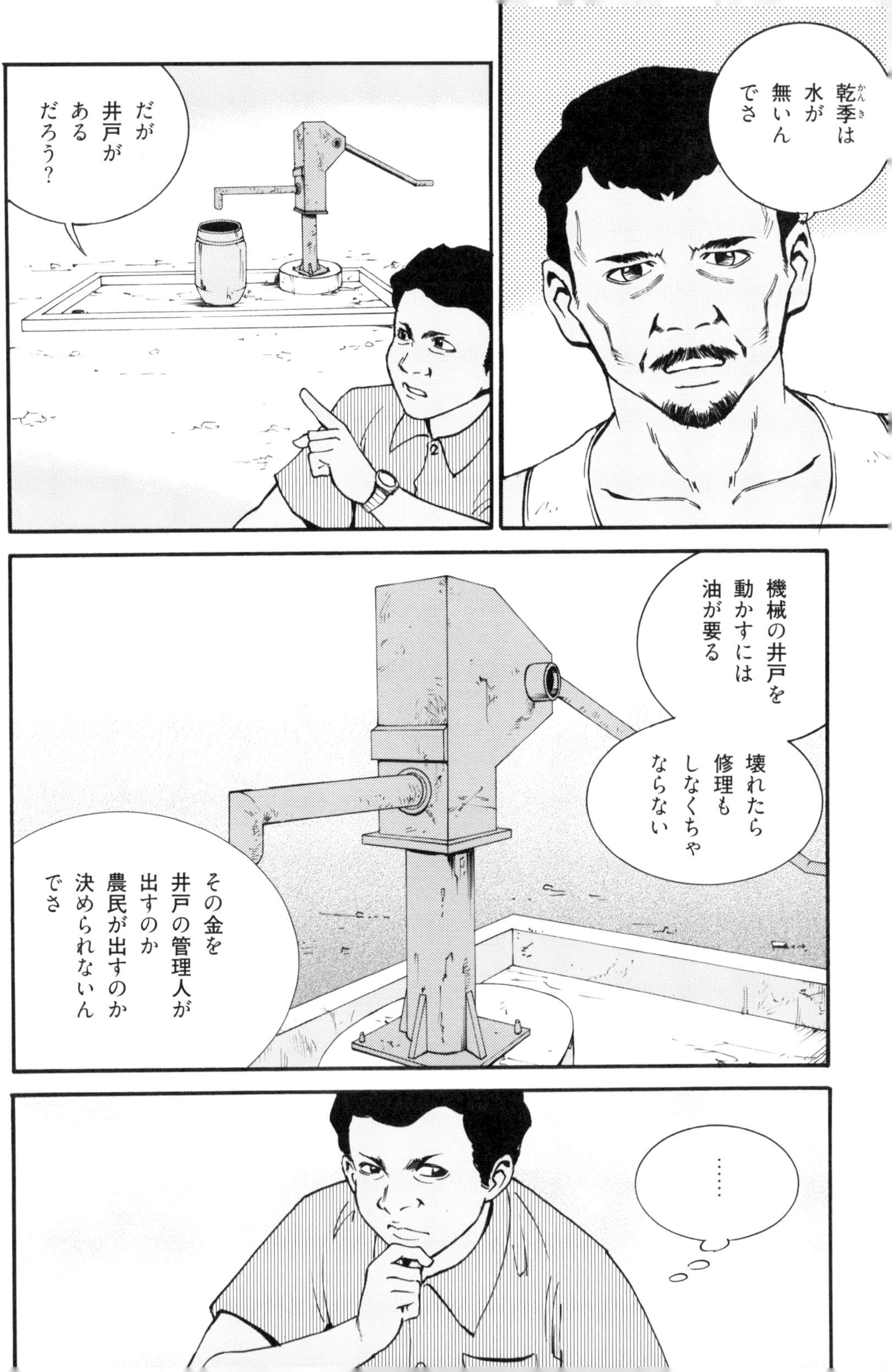
乾季《かんき》は
水が
無いん
でさ
だが
井戸が
あるだろう?
機械の井戸を
動かすには
油が要る
壊れたら
修理も
しなくちゃ
ならない
その金を
井戸の管理人が
出すのか
農民が出すのか
決められないいん
でさ
……

一九七四年
バングラデシュ
全土は
未曾有《みぞう》の洪水と
大飢饉《だいききん》に
見舞われる
この飢饉は
私に行動を
起こさせた
これで
よし！

一体何をしているんだ？アンタ……
苗をこのロープに沿って一定の間隔で植えるんだ
それだけで収穫は3倍になる
……
さぁ皆で始めよう！

私はその年の雨季の間農作業の指導を続け米の収穫は4倍になった
だが乾季になると……
せっかくの井戸は使われず作物は植えられないという状況は変わらなかった

そこで私は あるアイデアを 皆に提案した
農地があって 井戸もある 労働者もいる
そして バングラデシュの 人々は飢えている
それなのに 乾季の間 作物を 作らないなんて 馬鹿げている
そうは言うが 井戸を 動かす金は 誰が出すって 言うんだ？
……私が 出そう！
！
ガタッ

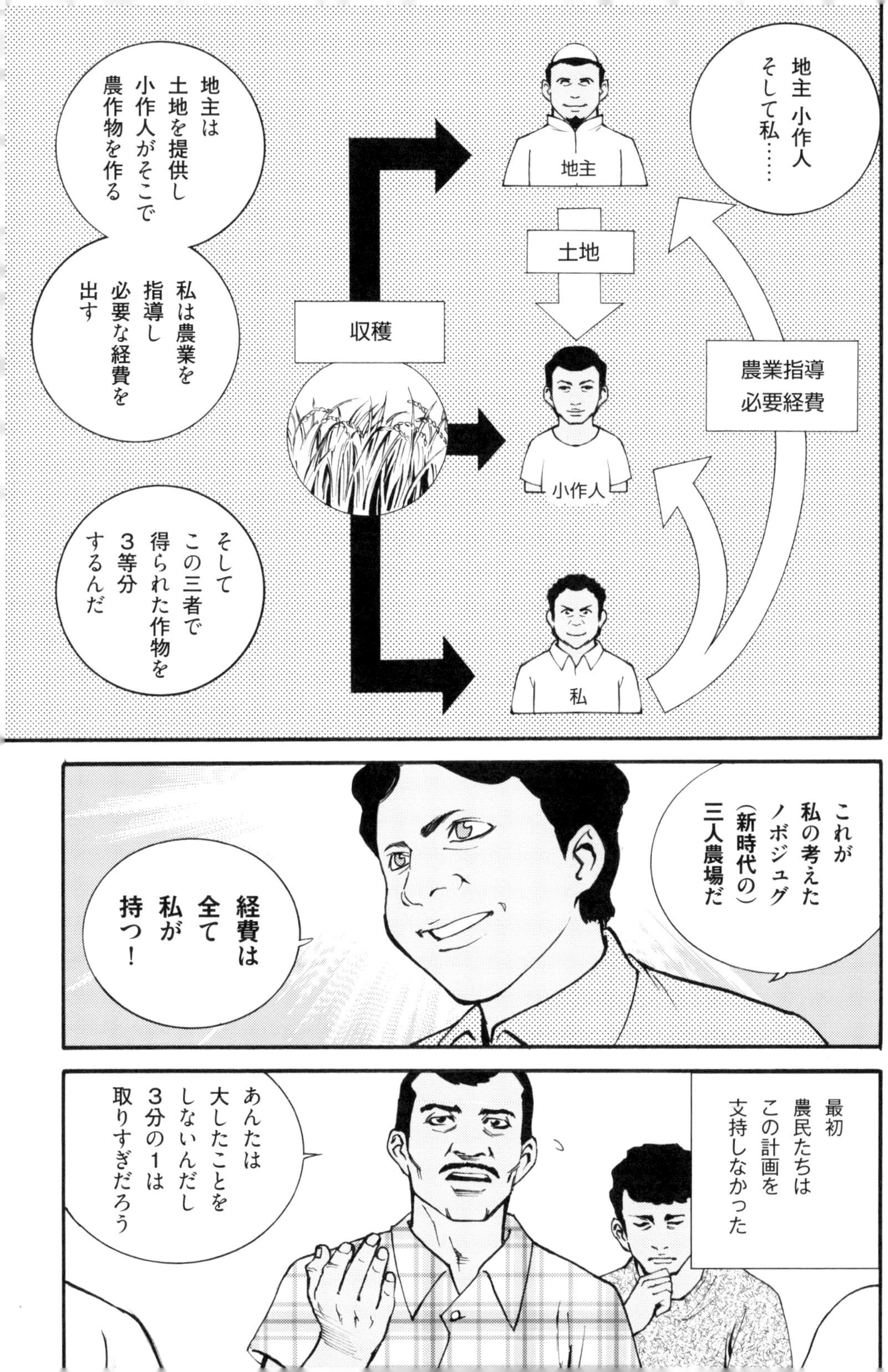
地主 小作人 そして私……
地主は土地を提供し小作人がそこで農作物を作る
私は農業を指導し必要な経費を出す
地主
土地
小作人
私
収穫
農業指導
必要経費
そしてこの三者で得られた作物を3等分するんだ
これが私の考えたノボジュグ（新時代の）三人農場だ
経費は全て私が持つ！
最初農民たちはこの計画を支持しなかった
あんたは大したことをしないんだし3分の1は取りすぎだろう

リスクを負うのは私だ肥料や殺虫剤など必要な物は全て用意する
君たちには何のリスクもないんだよ
彼らはしぶったが私は粘り強く説得した
最後に彼らは同意し三人農場はスタートした
稲作のこの実験は成功し多くの収穫を得ることができた
ただ農民たちは収穫をごまかし私の取り分を少なくしたので私にとってこの事業は赤字ではあったがまずまずの成功と言えるものだった

だが
そんな
ある日
ちょっと
いいかな？
君たちは
この仕事で
いくらもらえ
るんだい？
……
それは一日
10時間もの
労働に対して
※40セントにも
満たない額で
あった
※40セントは約120円（1975年当時の為替レートは1ドル300円）

私は浮かれていた自分を恥じた……
ヨロ…
私は貧しい人々を救った気でいた……
だが本当に貧しい人々に私の手は届いていなかったのだ！
私はジョブラ村で真に助けられるべき最も貧しい人々の話を聞くことにした
大抵は村人と親しい同僚のラテフィー教授が一緒に来てくれた女学生が同行してくれることもよくあった

何軒かで断られた後……
私はようやくソフィア・ベガムという名の女性から話を聞く事ができた
子供たちは学校へ行かないのかい？

※パイサはバングラデシュの補助通貨単位（硬貨）。1タカは100パイサ、50パイサは約1.5セント=5円程度と思われる
※2セント=約6円

それは※2セントにも満たない金額であった……
なんて事だ……こんなのは人間の生活じゃない！
材料を買うお金を自分で用意できればもう少し高く椅子を売って手元にもっとお金を残す事ができるだろう？
そんな……そんなのはとても無理です
ザッ
受け取ってくれ
！
施《ほどこ》しなんて……そんなお金を受け取っては夫に叱られます！

これは施し
なんかじゃない
ビジネスさ！
このお金は
君への
〝融資〟だ
君は
椅子を作って
利益を上げて
このお金を
私に
返済するんだ
利子は
いらない！
こ……困ります！
そのお金は
夫に渡して
ください！

いや君でなければ駄目なんだ!
どうしてですか!?
家庭で何にお金が必要なのかを知っているのは夫でなく君だ
そして今 君は正しいことも間違ったことも全て夫の言いなりになっているが
君が自分で稼げるようになれば正しいことは正しい間違っていることは間違っていると言えるようになる
これは君自身の世界を変える第一歩なんだよ!
……

※27ドルは約8000円

第4章　グラミン銀行

ジャナタ銀行
チッタゴン支店
ご用件をおうかがいしましょう
貧しい人たちへの融資に関して相談しに来ました
ユヌス 36歳

え？
正確に言えば農村で働く母子家庭の母親や主婦たち……
そういった女性たちへの融資の相談です
この国で最も貧しいのは人口の20％を占める彼女たちのような人々だ
彼女らは最下層で奴隷のような生活を強《し》いられているのです

だが彼女たちに能力がないわけではない怠慢《たいまん》なわけでもない
所得も資産もない彼女たちは搾取《さくしゅ》することしか考えていない高利貸しからお金を借りるしかないのです！
資本さえあれば彼女らは収入を得ることができます
人間らしくやっていけるのです!!
……
それで？

私はすでに42世帯に27ドルをローンで貸しました
しかしそもそもお金を貸すのは銀行の仕事ですだからこうして相談に来ました
それはその……難しいと思いますよ彼女らは読み書きができませんしお金を扱うことは夫に禁止されていますから……
ですが彼女たちはきちんと働いて私にお金を返し続けています
彼女たちには返済する意思も能力もあるのですよ
この支店は大学の教職員の預金を受け取るのが主な業務ですので……

基本的に お金の 貸し出しは していない のです
たとえ 融資ができた としても…… 彼女たちには 担保がない
だったら 私が 保証人に なりましょう
例えば1万タカ※ (約300ドル) くらいまでなら 大学との関係もあり あなたを 保証人として お貸しすることは できます
ですが それ以上は 無理ですよ

※タカ……バングラデシュの通貨単位

……わかりましたではチッタゴン支社にうかがいあなたの上司と直接 お話しさせていただきます！
ガタン
このまま引き下がりはしないぞ！
私はジャナタ銀行の支社長に会うことにした

私は必死で説得した
彼女らに対するローンが貧困を根絶する第一歩としていかに重要かを道理を尽くして説いたが……
……どうしても理解していただけないようですね……
ああ無理ですな
支社長は「貧しい人々にはお金を返す能力はない」という考えを変えなかった
そうですか……こうなったら仕方ない……

私が自分で銀行を作ります
え？
貧しい女性たちにお金を貸す銀行を！
一九七六年六月……私はのちのグラミン銀行の前身となるプロジェクトをスタートさせた

ジョブラ村
皆さんには5人のグループを作ってもらいます
そして この銀行のシステムを本当に理解しているか面接を受けてもらいます
全員が合格するまで融資は受けられません
あの……
どうやって4人の仲間を探すのですか？

それが最初のテストだと思ってください
4人の仲間がすべて最初の融資を返済できた時に リーダーははじめて融資を受けられるのです
そしてローン返済の期間は1年間です
ええ!? そんなに待っていただけるのですか
そうです私たちは高利貸しではありません

※1000タカは約30ドル＝9000円、2タカは約6セント＝18円と思われる

ジョブラ村で始めたこの活動は次第に拡大していった
私が組織作りをスムーズにできたのは少年時代のボーイスカウトの経験がものを言ったのだと思う
グラミン銀行創設メンバーの写真が今でも残っている
その何人かはジョブラ村の女性であり現在もグラミン銀行の重役として働いている
もちろん銀行作りははじめから何もかもが上手くいったわけではなかった
ユヌスさん！あなたの言っていることはただの理想論です！

貧しい私たちにそんな力はないんです!!
確かに私は恵まれた環境で育っただから君たちの事は理解できないと言うのかい?
そ……それは……
私は君たちの力を信じている!だからこのプロジェクトを始めたんだ
もし君たちが自分自身の力を信じられないなら私を信じてくれ!
君たちを信じているこの私を!!
グッ

一九七七年 十月 私は私用で 首都ダッカに 来ていた
おお ユヌス君 じゃないか
4年ぶりだねぇ 私のオフィスで お茶でも どうかね？
バングラデシュ・クリシ（農業銀行）の アニスズーマン 理事長とは 旧知の仲だった
それで どうかね 研究の ほうは……
わがバングラ デシュの 貧困を 解決するような 成果は 出たかね？

バングラデシュの貧困を一気に改善できるような特効薬はありません
ですが目の前の貧しい人を確実に救うプロジェクトに今取り組んでいます
この機会に理事長にもぜひお話ししておきたい
ほう？
私はジョブラ村で始めた銀行プロジェクトを熱っぽく語った
ああ……ちょっと失礼……
やはり分かってもらえないのか……

チッタゴン支社長かね？ああ私だ……
明日ムハマド・ユヌス氏が君のもとを訪ねる
新しい銀行を作るためのプロジェクトについてだ
彼の言う事は私の命令だと思ってすべてに便宜《べんぎ》をはかってくれ
いいな？
さて君の作る銀行の名前を決めようか
理事長……
……

グラミン（村の 田舎の）……
「グラミン銀行」というのはどうでしょうか
国立農業銀行の一部ではあったが私のグラミン銀行はついに正式な銀行としてスタートを切った
その結果ジョブラ村だけではなくチッタゴン区全体を活動圏に加えることができた
その後のジョブラ村

やあソフィアさん
ああユヌスさん！

子供たちは？
学校に行っています
上の子は頭がいいので高等教育を受けさせたいと考えています
グラミンのローンを借りればそれも叶いそうです
そうかそれは良かった……！
私たちの夢は確かに叶いつつあった……
一九七八年
グラミンの借り手が５００人に達しようかという頃
私は「地方の貧困者への融資」というセミナーに講師として招かれた

確かにグラミンは成功を収めつつあるのかも知れない
だがそれを大規模に国家的事業としておこなうのは不可能だろう
そんな事はありません！グラミンで成し遂げられつつある完全な返済は……
規模を大きくしても充分に可能なのです‼
会議の後今度は中央銀行副総裁のゴンゴパダヤ氏が私を呼び出した
話は聞いているよユヌス君

※『ムハマド・ユヌス自伝』（早川書房）に拠る

第5章　16の決意とソーシャル・ビジネス

現在 グラミンの
メンバーは
800万を超えた
私たちを
ここまで
支えてきたのは
「16ヶ条の決意」
である

その1
私たちは
グラミン銀行の
4つの原則である
規律 団結
勇気 勤勉に従い
どんな人生を
歩むことになっても
それを実現すること
を誓います

その2
私たちは
家族に
繁栄を
もたら
します
その3
私たちは
壊れかけた
家には
住みません
私たちは
家を直し
できるだけ早く
新しい家を
建てられるように
働きます

その4
私たちは年中
野菜を育てます
私たちは
その野菜を
たくさん食べ
残りがあれば
売りに出します
その5
種まきの
時期には
私たちは
できるだけ
多くの種を
蒔《ま》きます

その6
私たちは
家族の人数を
むやみに
増やさないように
家族計画を
立てます
出費を
少なくし
健康に
留意
します

その7 私たちは 子供に教育を 受けさせます そして教育を 受けさせられる ように 収入を得ます
その8 私たちは いつでも 子供たちや 周囲の環境を 清潔に保ちます
その9 私たちは 簡易トイレを こしらえ それを 利用します
ALUM POWDER
その10 私たちは 水を飲む前に 煮沸《しゃふつ》するか ミョウバンを 使います
私たちは ヒ素を 取り除くため ピッチャーの フィルターを 使用します

その11
私たちは
息子が結婚する時に
持参金を要求せず
娘が結婚する時には
持参金を渡しません
※「持参金の呪い」に
※センターを
巻き込まないように
します
私たちは
幼い子供同士の
結婚を認めません
※バングラデシュでは娘が結婚する時に持参金を持たせる習慣があるが、
持参金目当てに幼い子供同士を無理やり結婚させるケースが少なくない
※センターとは農村にあるグラミン銀行の地域拠点（支部）のこと

その12 私たちは誰かに不正を押し付けず誰もが私たちに不正を押し付けることも許しません
その13 私たちはより高い収入を得るために皆で集まりより大きな投資を始めます
その14 私たちはいつでもお互いに助け合いもし誰かが困難に陥ったらその人を助けます

その15
どこかのセンターで
規則違反があった時は
私たちは
そこへ出かけて行って
規則が回復するのを
助けます
その16
私たちは
あらゆる
社会活動に
そろって
参加します

※マイクロ・クレジット……少額融資

グラミンのローンを続けながらも私たちは貧困には多様な対策が必要であるとの考えを深めていた
貧しい人々の生活を直接援助する※マイクロ・クレジットだけでは貧困の撲滅《ぼくめつ》に時間がかかる保健 医療 環境 教育などの事業を積極的に育てていかなくてはならない
単に利益を求めるだけでなく社会に貢献するための事業……私はそれを「ソーシャル・ビジネス」と名づけた

カッ
たとえば私たちは
「グラミン・シャクティ」
という再生エネルギー
会社を設立したが
同時に提供した
特別マイクロ・クレジットの
効果もあり
電気の届いていない
バングラデシュの村々に
太陽電池を
設置することが
可能となった

これにより
夜 子供たちが
勉強したり
母親が内職を
したりする
ことができる

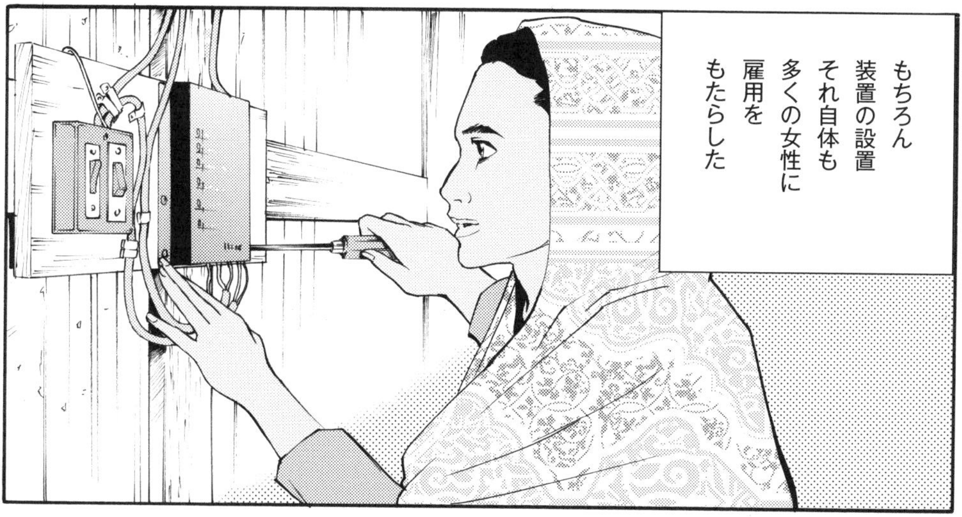
もちろん
装置の設置
それ自体も
多くの女性に
雇用を
もたらした

さらに一歩進めて
一九九六年から
私たちは携帯電話
サービスである
「グラミン・フォン」
の活動を始めた

グラミン・フォンを所有するメンバーは携帯電話を時間貸しで貸し出してレンタル料を取りビジネスとした
またグラミン・フォンはＩＴをバングラデシュに導入する第一歩ともなった
グラミン・フォンでビジネスをするテレフォン・レディたちのうち2万人以上は元 物乞いだったが彼女たちの多くは自立できるようになり人として誇りある生活をするようになった
「教育」……これも貧困の世界から脱するための重要な鍵である

バングラデシュでは最近まで義務教育の制度がなかった だから村の大半の女性は読み書きもできなかった
私たちはこの障壁《しょうへき》を乗り越えた小学校を建て職業トレーニング・センターを作り高等教育への奨学金やローンの制度も充実させた
これらは「グラミン教育」（グラミン・シッカ）が担当した

私たちは医療設備の設置や看護婦の育成にも力を入れた これらは「グラミン福祉」（グラミン・コッラン）※が受け持った

※ベンガル語発音に拠る

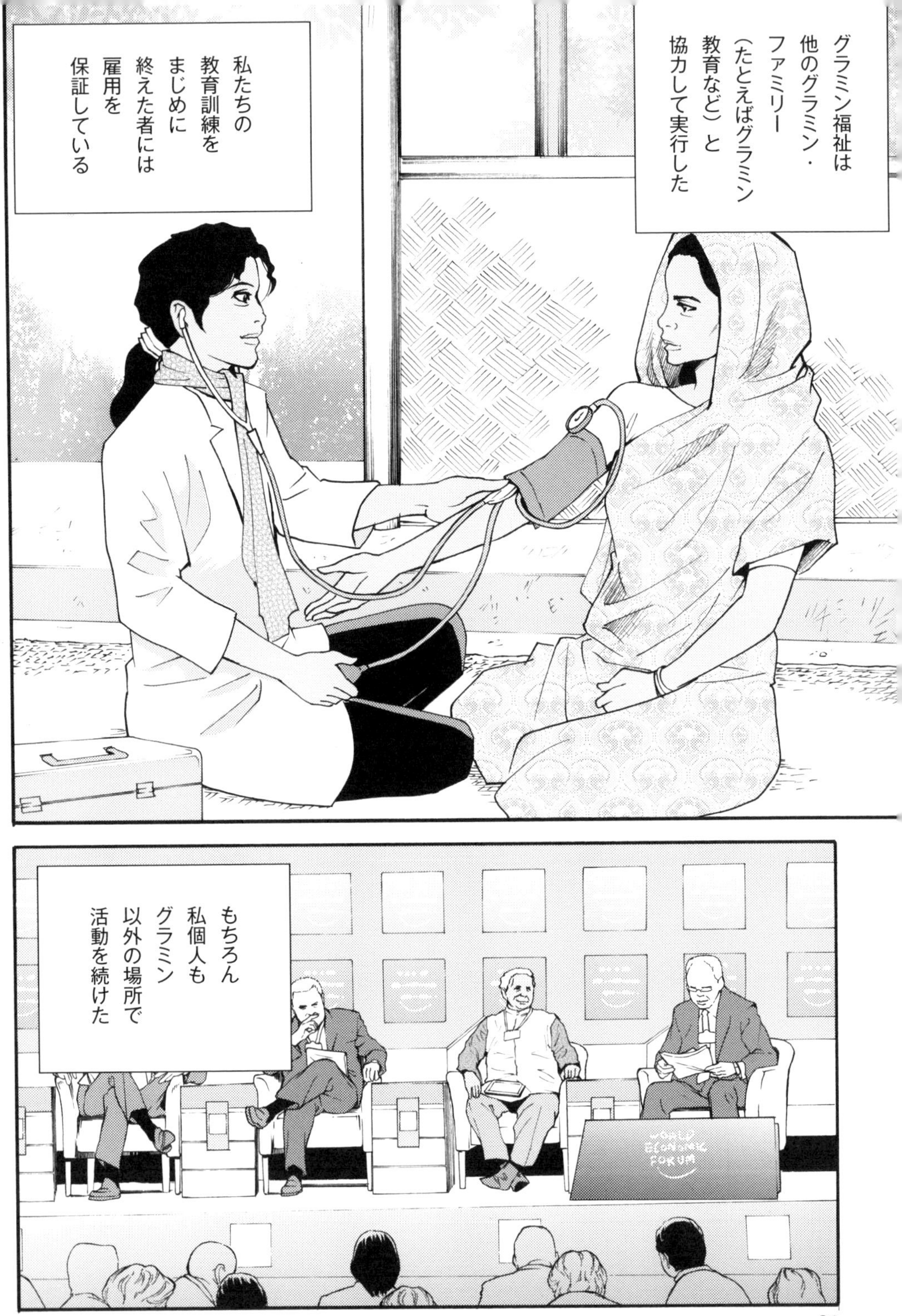
グラミン福祉は他のグラミン・ファミリー（たとえばグラミン教育など）と協力して実行した
私たちの教育訓練をまじめに終えた者には雇用を保証している
もちろん私個人もグラミン以外の場所で活動を続けた
WORLD ECONOMIC FORUM

ワァァァァ
※ダボス会議ほか
世界の各地で
講演を
おこなった
※ダボス会議……毎年、スイス・ダボスで開催される
「世界経済フォーラム」

※YYコンテスト……Yunus & Youth Social Business Design Contest

また※「YYコンテスト」などを開催して若者が参加する起業ファンドを奨励したり……
世界の26の大学と連携しソーシャル・ビジネス興隆のための活動も続けている
このようにして30以上のグラミン系の会社がニーズに応じて誕生していったが
二〇〇五年ごろからにわかに様子が変わった国際的な合弁会社が増えたのである

第6章　ソーシャル・ビジネスの展開

ユヌス氏の書いた ソーシャル・ビジネスの7原則

1　グラミン・ソーシャル・ビジネスの目的は利益の最大化ではなく 人々や社会を脅かす貧困 教育 健康 技術 環境といった問題を解決することです

2　財務的 経済的な持続可能性を実現します

3　投資家は投資額を回収します しかし それを上回る配当は還元されません

4　投資の元本の回収以降に生じた利益はグラミン・ソーシャル・ビジネスの普及とよりよい実施のために使われます

5　環境に配慮します

6　雇用者はよい労働条件で給料を得ることができます

7　楽しみながら

21世紀に入っても
グラミン銀行と
グラミン企業は
目覚ましい発展を続けたが
ソーシャル・ビジネスにも
国際的展開が
次々と起きた
ALFRED NOBEL
ノーベル賞を
受賞した
二〇〇六年
前後から
その動きは
顕著《けんちょ》になった

二〇〇五年十月十二日 私はヨーグルトで有名な フランスの大企業 ダノン・グループの会長 フランク・リブー氏らと 会食した
彼らは グラミンの 活動について よく知って いた
わが社には 利益を追求する だけではなく 世の中の 役に立つという 伝統があります
バングラ デシュでも 何か貢献 できそうな 名案は ありますか？
はい グラミンと一緒に 会社をつくり 栄養豊富な ヨーグルトを開発し 低価格で 販売することです

我々は貧しい国に安全で栄養のある食品を提供したいと思っていました
バングラデシュで活動するにあたりグラミンと一緒に仕事をさせてください
こうしてグラミンはダノン・ヨーグルトと共同でバングラデシュ向けのヨーグルトの販売を始めた
一個8タカ※のヨーグルトは村の女性たちに仕事を子供たちには栄養と健康をもたらした
※8タカ＝8円
有名なサッカー選手のジダンもこのプロジェクトに共感し宣伝のためにバングラデシュを訪れてくれた
Shokti doi

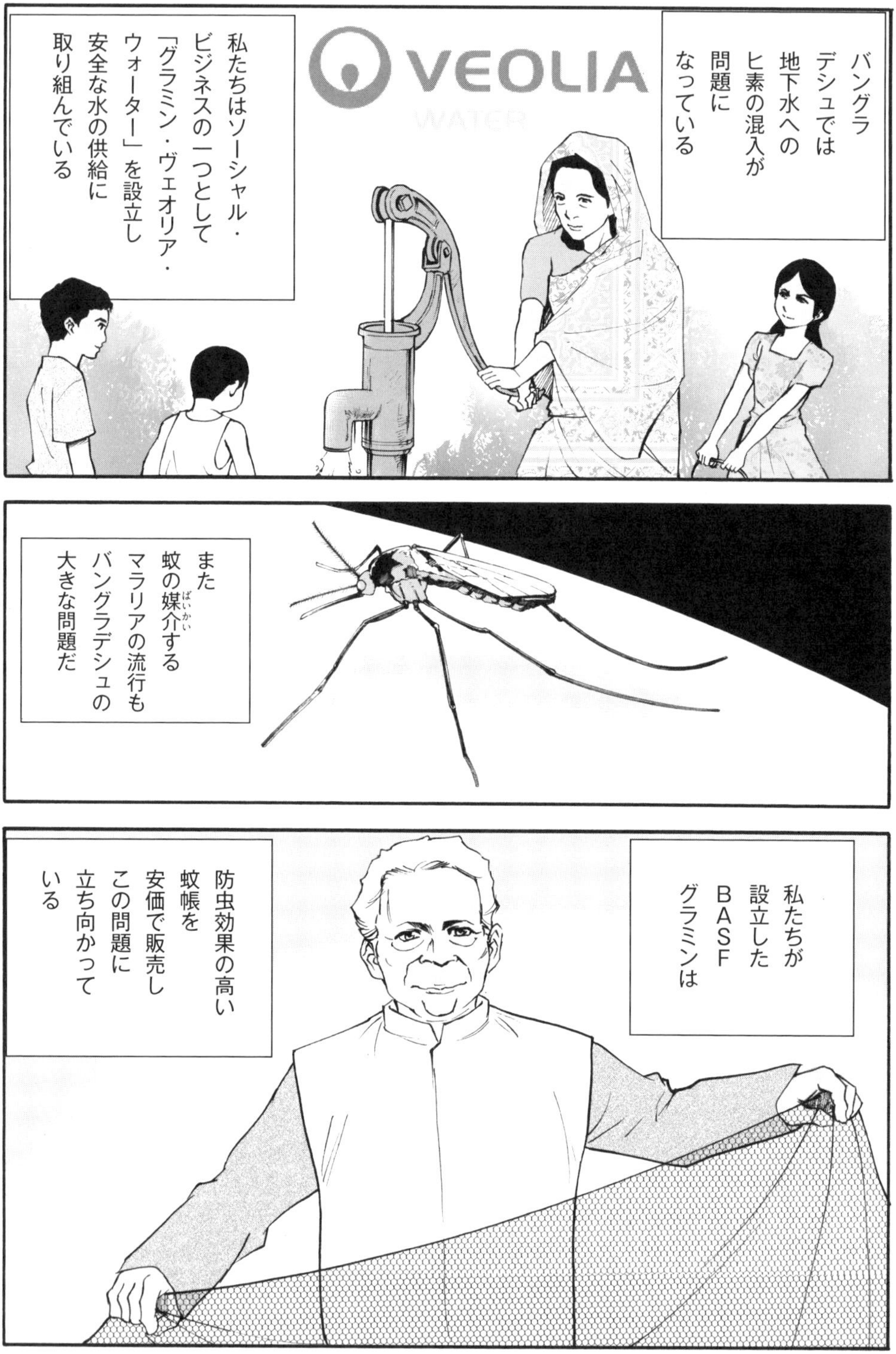

バングラデシュでは地下水へのヒ素の混入が問題になっている
VEOLIA
WATER
私たちはソーシャル・ビジネスの一つとして「グラミン・ヴェオリア・ウォーター」を設立し安全な水の供給に取り組んでいる
また蚊の媒介《ばいかい》するマラリアの流行もバングラデシュの大きな問題だ
私たちが設立したBASFグラミンは
防虫効果の高い蚊帳を安価で販売しこの問題に立ち向かっている

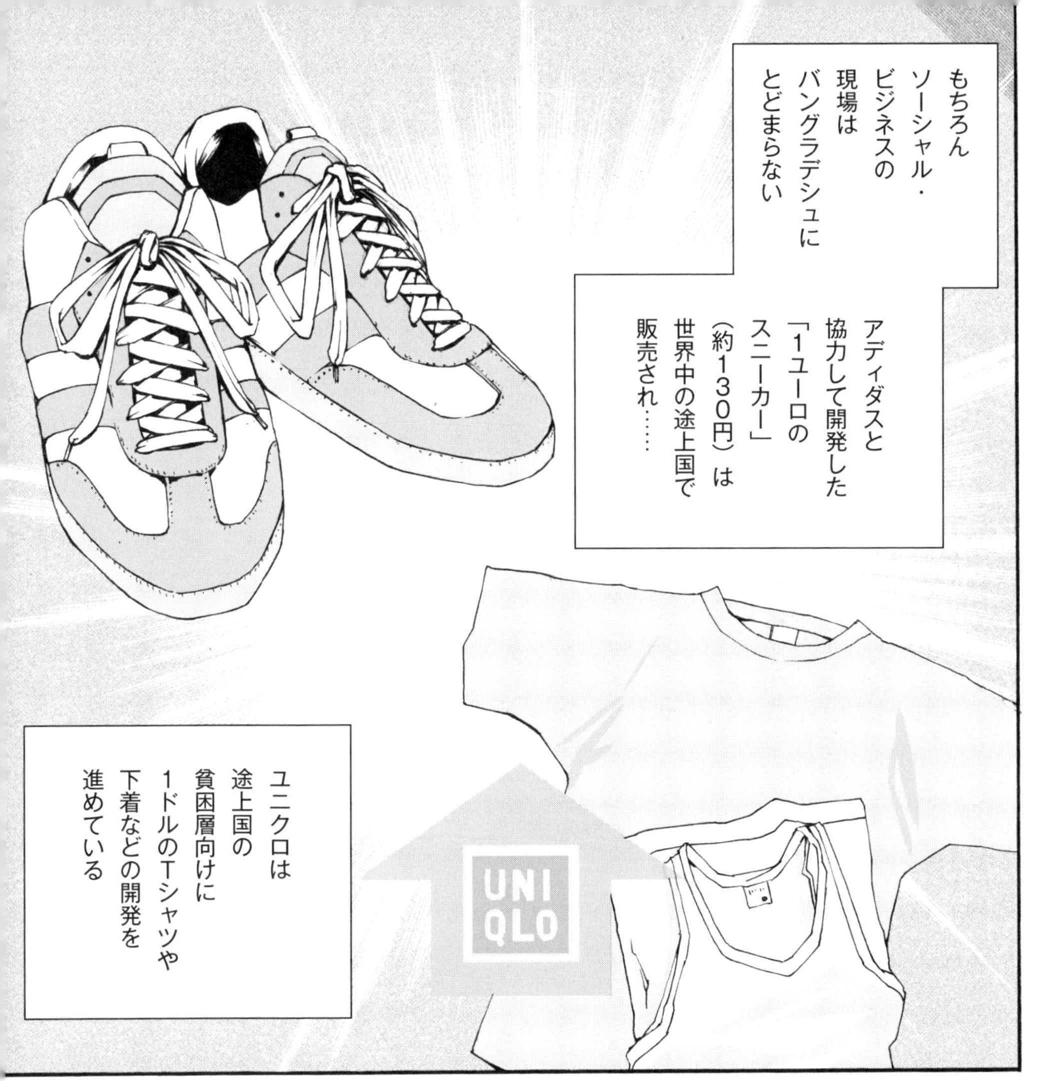
もちろんソーシャル・ビジネスの現場はバングラデシュにとどまらない
アディダスと協力して開発した「1ユーロのスニーカー」（約130円）は世界中の途上国で販売され……
UNIQLO
ユニクロは途上国の貧困層向けに1ドルのTシャツや下着などの開発を進めている

日本の企業である雪国まいたけは栄養価の高いもやしを安価でバングラデシュの食生活に導入するとともに同国の輸出にも貢献している

二〇一〇年
ハイチを
大地震が
襲った
ゴゴゴ
私たちは地震直後の
復興だけでなく
継続的な支援の
システムとして
「YYハイチ・ソーシャル・
ビジネス・ファンド」を
立ち上げ
復興のための
ソーシャル・ビジネスを
支援している

さらに二〇一一年三月十一日……巨大な地震と津波が日本を襲った「東日本大震災」である私も大きなショックを受けたが日本人は必ず立ち直るだろう……私もソーシャル・ビジネスの理念に基づいて復旧活動を応援している
ユヌス先生が言われているようにまずは自分の周りの社会問題から取り組んでください
日本では九州大学の岡田昌治《まさはる》教授がソーシャル・ビジネスの研究と実施を大きなスケールで展開している

また 九州大学では
アシル・アハメッド
准教授らにより
貧困層にＩＴへの
アクセスを
もたらすための
ポータブル・
クリニックなどの
研究が進んでいる

グラミンの世界での活躍マップ

グラミン・
クリエイティブ・
ラボ（GCL）の
創始者である企業家の
ハンス・ライツ氏も
貧困のない社会を見据えて
私と共に
活動してくれている
そして現在
世界52カ国で
グラミンの
活動は
続いている

このように
私たちは同じ志を
持つ者同士
協力し合って
ソーシャル・ビジネスを
推進している
ハンス・ライツ、
グラミン・クリエイティブ・ラボ
ドミニク・ドースター、
グラミン・クリエイティブ・ラボ
エマニュエル・ファーバー、
ダノン社
サスキア・ブルスタン、
ユヌス・ソーシャル・ビジネス社
ユヌス博士
ラミア・モシェッド、
ユヌス・センター
岡田昌治、
九州大学ユヌス＆椎木ソーシャル・
ビジネス研究センター
ソフィ・アイゼンマン、
ユヌス・ソーシャル・ビジネス社
チーム ユヌスのメンバーたち
私は二〇三〇年までに
世界から貧困を根絶する
つもりでいる
「貧困」を博物館行きに……
それは決して絵空事《えそらごと》ではなく
実現可能なプランなのである

第7章　若者よ 時は今だ

博士の始めたマイクロ・ファイナンスは随分と成長しましたね
私たちはリーマン・ショック以前から金融制度の再構築の必要性を訴えていました

従来の金融機関は世界の3分の1の金持ちだけを相手にして残りの3分の2の貧しい人々を相手にしていなかったのです マイクロ・クレジットはこれまで金融機関が相手にしなかった人々に手を差し伸べることが実現可能であるということを証明しました

そして博士は活動をソーシャル・ビジネスに拡げましたね……
具体的には人類の問題解決に徹した無配当の企業です
投資した人間は投資分は回収しますが利益を得ることはありません
私は個人的な利益を忘れ人々と地球環境のみに焦点を当てることにしています
それを利益を得るビジネスと並行しておこなうことで貧困 失業 環境問題を解決するためのツールにすることができるのです
しかし多くの人はビジネスには利益が不可欠だと考えますが？

エベレスト山に登る時の※インセンティブは何ですか？人は金銭以外のインセンティブでも動きます
そして人々を幸せにするというのは最大のインセンティブです

人は人生を歩むに従って利益中心の事業家からソーシャル・ビジネスの事業主に変化していくと？
それはこれまでの話に過ぎません

※インセンティブ……動機

これからの世代はビジネスには自分の利益のためのものと社会に貢献するためのものの2種類があると学んで育つでしょう
その2つをどう組み合わせていくのかは彼ら次第です
この考えがさらに拡大していくことに自信がおありのようですね
ソーシャル・ビジネスの考えに共感する若年層が存在します 彼らは「自分の人生で何をなすべきか?」「人生の目的とは?」と問うているのです

「私はどこから始めたらよいのでしょう?」と言う若者に博士は何と答えますか?
まず彼らの周りに存在する問題のリストを作るよう勧めます
そして最も嫌なものから優先順位を付けます
それからビジネスによる解決方法を考えるのです
ではこれまでの人生を振り返って博士のおこなった意思決定の中でベストだったものは?

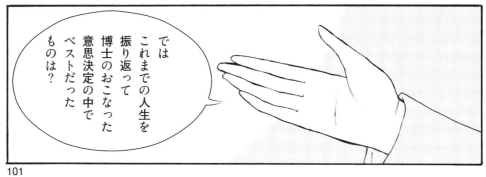

※ミレニアム・デベロップメント・ゴール（Millennium Development Goals：MDGs）……国連ミレニアム開発目標

人間は空を飛べなかった時代から月へ行くことを夢想してきましたサイエンス・フィクションとしてね……
そしてサイエンスがその後《あと》追《お》いをして現実のものとなりました
それと同じように我々はソーシャル・フィクションとしてあらゆる問題が全て解決した社会を想像すべきなのです
すでに貧困の排除は想像可能であり私たちが国連と共に推進している「※ミレニアム・デベロップメント・ゴール」では……
二〇一五年までに貧困の半減を目指しています
そして……

二〇三〇年までにはバングラデシュの貧困を根絶するつもりです
想像力を駆使すればそれは達成可能な提案となるでしょう
次世代の人々は「貧困」というものを知るために博物館に行かねばならなくなるでしょうね
世界を変えたいと考える現代の若者にどのようなメッセージを贈りますか？
うーむ……そうですね……

第一に 君ひとりだけでも 世界を変えられる 創造力を持っているのだ ということを 信じてください
そうすれば 「自分はどうすれば よいのか」と 考えられるように なるはずです
第二に 小さなことから 始めること 一夜で 変えられるものは ないのです
グローバルな問題を 解決するためには まず個人レベルの 問題を解決 しなければ ならない
私たちはいきなり グローバルな問題に 取り組もうとして 壁にぶつかるのです それは避けて 順序を踏みましょう
まず1人の人間の 問題に取り組んで ください それから5人 10人…… そうやって範囲を 広げていけば 最終的にグローバルな 問題に取り組むことが できるのです

君たちは今史上最もパワーを持った若い世代です
20数年前には携帯電話やフェイスブックなどはなかった……
facebook
だが今ではバングラデシュのような貧しい国でも多くの人々が携帯電話を持っています
これらのテクノロジーは皆さんに大きな力を与えるでしょう

例えるならばそれは『アラビアン・ナイト』の魔法のランプです
これからはパソコンやスマートフォンからデジタルのジーニー※が出てくるかもしれない
気づかなければ魔法のランプもただのランプになってしまう……
その力をみずから感じ取り正しいことに使っていってほしいのです

※ジーニー……ランプの持ち主の願いを叶えてくれる魔人や精霊

世界を変えるとはどういうことか……
それは「自分で考えて行動を起こす」ということです
そのためには夢を持たなくてはならない
夢の世界を構築し夢の世界を描く……
その能力が大きければ世界全体を変えることができるでしょう
人生においては自分で気づくことが大切です
「それぞれの人が抱えている問題が何なのか」「どうすればそれを解決できるのか」

私はビジネスを利益追求のためだけのツールとは考えず
社会問題解決のツールとして考えこれからもそれを活用していくつもりです
例えば国や政府の保護を受けられない高齢者の手助けをしたり……
ウェブ・サイトやフェイスブックにビジネス・プランやアイデアをアップすれば誰かに投資を呼びかけることも可能です
皆さんの地元でたくさんの投資家を集めてソーシャル・ビジネス基金やファンド基金を作ることもできるでしょう

世界中には貧困
失業 高齢化 孤独など
解決せねばならない
多くの問題があります
クリエイティブな
アイデアで
問題のない社会
苦しむ人のいない
社会を作ることは
できないだろうか
……

ぜひ そんな世界を想像してみてください 想像できるものはきっと実現させられます
まずは「想い描く」こと
それがよりよい世界を作る第一歩なのです

【解 説】

『ユヌス教授のソーシャル・ビジネス まんが版』制作委員会

ソーシャル・ビジネスとは?

「人々とともに生きる」経済の仕組み

ソーシャル・ビジネスを理解するためには、「自己中心の経済」に対して、「人々とともに生きる経済」が存在することを、まずは認識しなければならない。

ムハマド・ユヌス氏は自著『ソーシャル・ビジネス革命』の中で、「人間は利己的な生き物と見なされがちだが、同時に人間は利他的な生き物でもある」と述べている。

最近よく聞く、「グローバル経済」という言葉も含め、世界の経済システムや市場原理は、「自分さえよければ――」といった考え方で、構築されてきたといえる。

しかし、人間には本来、他者とのつながりの中で他者とともに生きる(幸福になる)という、欲求を持つ側面がある、とユヌス氏は言うのである。

それは、制度や体制に組み込まれる前の、人間本来の利他的な本性を、社会システムへ反映させたビジネスモデルといえる。それが、彼の推進する「ソーシャル・ビジネス」の仕組み――その本質である。

ソーシャル・ビジネスの七原則

ユヌス氏は二〇〇六年のノーベル平和賞授賞式のスピーチで、初めて、「ソーシャル・ビジネス」という、まったく新しい価値観に基づく、ビジネススタイルを提唱した。その神髄は、「ソーシャル・ビジネス七原則」としてまとめられている。以下に掲げて、簡単な補足をおこないたい。

一、グラミン・ソーシャル・ビジネスの目的は、利益の最大化ではなく、人々や社会を脅かす貧困、教育、健康、技術、環境といった問題を解決することにある(通常のビジネスは、「利益の最大化」を目指す。しかし、ソーシャル・ビジネスは、その地域の社会的問題の解決を第一の目的にする）。

二、財務的、経済的な持続可能性を実現する（ＮＰＯなどのように、国や公的機関からの助成金、第三者からの寄付には頼らず、あくまでビジネスで経済的利益を確保し、活動の組織的な自立と持続を可能にする）。

三、ビジネスによって、投資家は投資額を回収するが、それを上回る配当は還元されない（出資者へその出資金を超える額の利益還元はおこなわない。投資家は、出資金を回収でき、社会的問題の解決に寄与するという〝利潤（名誉）〟を受ける）。

四、投資の元本の回収以降に生じた利益は、ソーシャル・ビジネスの普及と、よりよい実施のために使われる（このビジネスによる利益は、あくまでも事業がさらに普及し、社会問題解決へと進展していくことのために使われる）。

五、環境へ配慮する（ビジネスが地域の自然環境や人々の健康に害をもたらすことは禁止されている。次項にも繋《つな》がるが、従業者からの搾取《さくしゅ》や、生産現場の環境汚染や、安全性に欠ける商品の販売などもあってはならない）。

六、従業者は、よい労働条件と給料を得ることができる（事業に関わる従業者は、よい環境の下で働き、賃金や福利厚生の保障を受ける）。

七、すべてを楽しみながらおこなう（このビジネスは、誰にとっても楽しくおこなわれなくてはならない）。

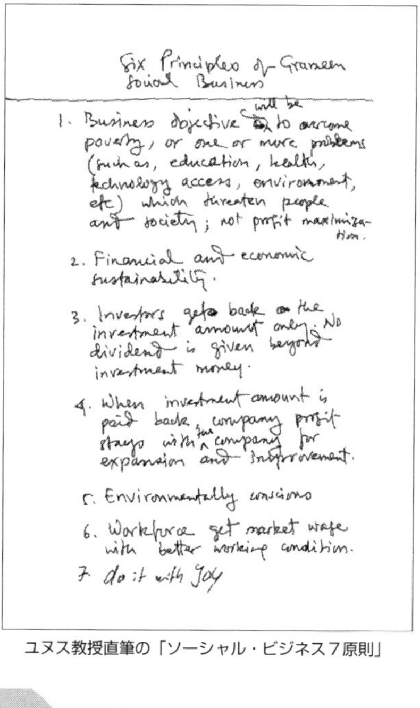
Six Principles of Grameen Social Business
1. Business objective will be to overcome poverty, or one or more problems (such as, education, health, technology access, environment, etc) which threaten people and society; not profit maximization.
2. Financial and economic sustainability.
3. Investors get back the investment amount only. No dividend is given beyond investment money.
4. When investment amount is paid back, company profit stays with the company for expansion and improvement.
5. Environmentally conscious
6. Workforce get market wage with better working condition.
7 do it with JOY
ユヌス教授直筆の「ソーシャル・ビジネス７原則」

「貧しい人々への融資」は
なぜ、可能だったのか

ユヌス・ソーシャル・ビジネスの成功は、ユヌス氏自身の情熱と信念に大きく導かれた、ということができる。しかし、「ソーシャル・ビジネス」というシステムが、個人の際立った能力や、利他の精神によってのみ、実現することはありえない。

まったく新しい価値観に基づくこのシステムは、なぜ、成功することができたのか。なぜ、今も世界の各地域で継承され、発展することができているのか。考えられる四つの答えを柱にしながら、成功をもたらした手法のポイントを、Q&A方式で検証しておこう。

貧困を根絶する意志と情熱

Q1 **「貧困をなくしたい」という理想は、誰もが抱くことですが、分厚い社会の壁に阻まれて、なかなか実現できません。ユヌス氏の場合は、なぜ、ここまで成功したのか。何が成功への、最初の一歩だったのでしょうか。**

A1 ユヌス氏は卓越した人格や指導力を通して、誰もが参加し、運用できるシステムを発明したといえます。マイクロ・ファイナンス（後述）の発想にも、社会の壁を熟知したうえで、「貧しい人々へ融資する」という理想を抱き、実行へ移しました。彼の意志の強さが、「貧困から解放されたい」という人々の、欲求の強さと繋《つな》がったとき、それが成功への第一歩になるのです。

Q2 **ソーシャル・ビジネスが、各国の若い世代に支持されていることも、成功の要因に思えます。なぜ、現在の若者が参加してきたのでしょうか。**

A2 若者は無知ではなく、現在の社会の構造的な矛盾や欠陥を目の当たりにして、半ば絶望や諦《あきら》めの中で育ってきた世代です。ユヌス氏は、貧困を一つの解決可能なシステムとしてとらえ、その方法を新しいビジネスとして提示しました。若者はその新鮮な合理性に、自分との共通課題を見出し、関わるべき希望を感じ取ったのだと思います。

制度や社会環境による束縛《そくばく》を解く（社会問題の解決）

Q3　グラミン銀行の創設にいたる、初期のエピソードに、社会制度や夫の束縛の中で、貧困にあえぐ女性が、ユヌス氏の説得で、自立へ踏み出していく場面があります。きれいごとではなく、実際にこういう変化がもたらされた理由を教えてください。

A3　個人の意思だけで、貧困の中にある人が立ち上がり、貧困を克服していくことは難しいし、それは全体の改善には繋がらないことも多いですね。ユヌス氏は自身が学者として、社会活動家として、人々の社会環境を変えていく事業を起こし、その手段に銀行という、従来は富者のためにある、と考えられてきた機関を使いました。人々は生活を守り、向上させるために必要なお金を借り、自身を縛ってきた社会の制度を変えていく道を、選んだことになります。

あくまでビジネスとしての仕組みのなかで目的を達成する

Q4　ソーシャル・ビジネスが、従来の事業（NPOなど）と違う点、異なるやり方で成功した秘訣は、何だったのでしょうか。

A4　既存《きそん》のビジネスの目的は、「利益の最大化」です。富の偏りや貧富の差の拡大がもたらされても、より多くの利益を獲得することが、そのビジネスにとっての理念でした。ソーシャル・ビジネスの目的は、「社会的問題の解決」です。しかも、「ビジネス」であるということです。あくまでビジネスとして利益を得ながら、その利益を事業理念の推進実行に還元していくシステムです。ユヌス氏は、「ソーシャル・ビジネスは従来のビジネスと慈善事業の融合である」と述べています。他のビジネスモデルとの違いは、また後述します。

相互の信頼関係を築く

Q5　〝貧しさ〟という厳しい生活環境の中にある人々と、社会的には違う階層にあると見られている、経済学博士ユヌス氏の間に、どうやって深い信頼関係が結べたのでしょうか。

A5

理想主義者の成功譚《たん》ではなく、苦労して成功に導かれたビジネスモデルとして、実践的なプロセスが気になるのは当然です。貴方の着目は正しい。具体的なグラミン銀行成功の過程を、本編とともに振返ってみましょう。与えられた問いの意味を、「なぜ、グラミン銀行は成功したのか」に置き換えてみます。

――ユヌス氏は一介の大学教官として、バングラデシュの経済状況に直面し、解決の兆しもない女性の貧困と社会の現場で向き合いました。当時、バングラデシュの村々は高利貸しに支配され、女性はその搾取《さくしゅ》体制の底辺で、希望のない人生を送っていました。この状況の打破を、個人による融資から開始したユヌス氏は、運動を拡大し、やがてグラミン銀行を開設します。安定した基盤を持ち、持続的に貧困対策を実行できるための銀行で、無担保で少額のお金を貧しい女性に貸し出す、「マイクロ・ファイナンス」（少額融資）のサービスを業としておこないました。このとき、社会や夫や高利貸しから身の安全をおびやかされている女性たちと、事業に失敗すれば自身の社会的信用も、財も全て失うユヌス氏、そしてその協力者の間に、真実の信頼関係が結ばれました。

本編で見てきたように、融資は担保も法的な契約書もなく、ただ「信頼」によっておこなわれました。グラミン銀行は設立時から、借主の女性が株主になり、口座を設けて一定額を貯金していく制度を設けています。今、その預金額は増大し、女性の地位改善とさまざまな事業参加に役立っているのです。

――信頼関係によるグラミン銀行の転機は、もうひとつありました。

それはバングラデシュから、ニューヨークへ支店を進出させたときです。功利的発想と力の論理が支配的な市場経済の本拠地で、マイクロ・クレジットはシステムとして、地域の貧しい人々の生活問題を解決しました。貧困を脱却したいという人々の大きなニーズと、貧困を社会問題として解消させるという方法の、大きな有効性がひとつになって、相互の信頼関係が成り立ったのです。

グラミンの活動発展の軌跡

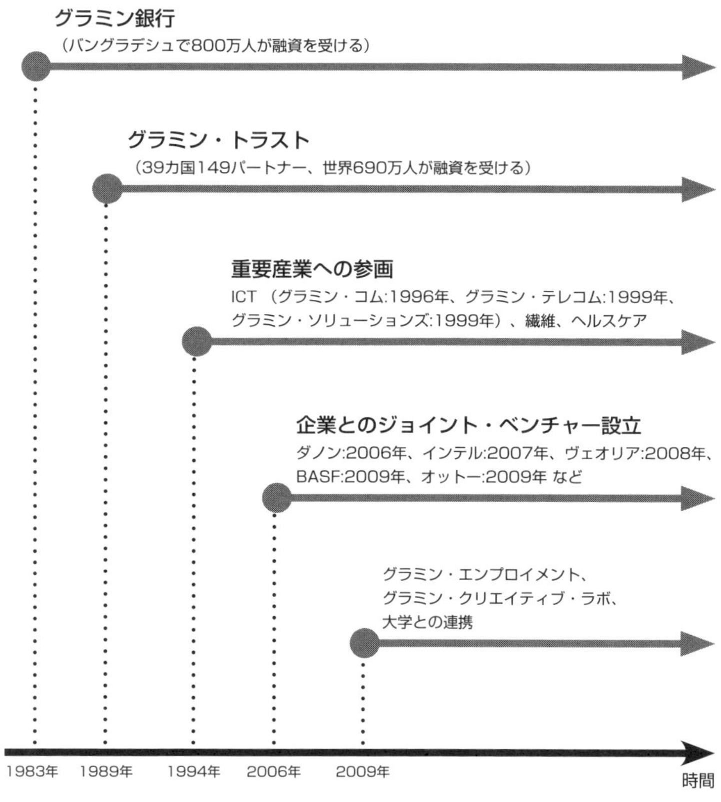

1983年　グラミン銀行設立（バングラデシュで800万人に融資）

1989年　グラミン・トラスト（39カ国149パートナー、世界690万人に融資）

1994年　重要産業への参画：ICT、繊維、ヘルスケア

2006年　企業とのジョイント・ベンチャー設立

2009年　グラミン・エンプロイメント、グラミン・クリエイティブ・ラボ、大学との提携

従来のビジネスとの違い

今後の参画と挑戦を支えるため、ソーシャル・ビジネスと従来のビジネスの違いを再度整理し、成功にいたるための本質を把握したい。

まず、未解決な社会的課題へ取り組む（事業として）

ユヌス氏は、ソーシャル・ビジネスに取り組む人間の条件を問われて、次のように答えている。

「〝ビジネスのノウハウ〟を知っている必要はない。それより、もっと必要なのは、社会問題を解決し、貧困から人々を救出させたい、というあなた方の情熱だ」

制度やシステムとして人々を縛っている、貧困やその他の社会問題を、ビジネスによって解決するという彼の方法を信頼し、一歩を踏み出すことが大切である。構築と展開の方法は後で触れるが、自分の周囲の未解決な社会問題を見つけることから始めていきたい。

個人のパッションをビジネスの基盤におく

専門知識や資格、経験や資金以上に、ソーシャル・ビジネスへの参画と挑戦の原動力になるもの――それは既成概念の打破という意味も込めて、個々人の胸の中にあるパッションだ、と断言できる。ここでも、ユヌス氏の言葉を挙げておこう。

「自分の特別な情熱に目を向け、それを誰かが苦しんでいる問題と結び付ける。そうすれば今までにない喜び、興奮、やりがい、満足感を得られるはずだ」

ビジネスと慈善事業の融合を図る

繰り返しになるが、ソーシャル・ビジネスは従来型のビジネスとＮＰＯ・ＮＧＯの融合だ、という定義づけがなされている。従来型のビジネスとＮＰＯ・ＮＧＯは目標が違う。前者は利益の最大化、後者は社会問題の解決。ソーシャル・ビジネスとＮＰＯ・ＮＧＯは、社会問題の解決という目標は同じだけれど、方法が異なる。従来型ビジネスとＮＰＯ・ＮＧＯの目標と方法を融合させることで、ソーシャル・ビジネスは新しいモデルを創出することができる。

チャリティとも、NPOとも異なるソーシャル・ビジネスの仕組み

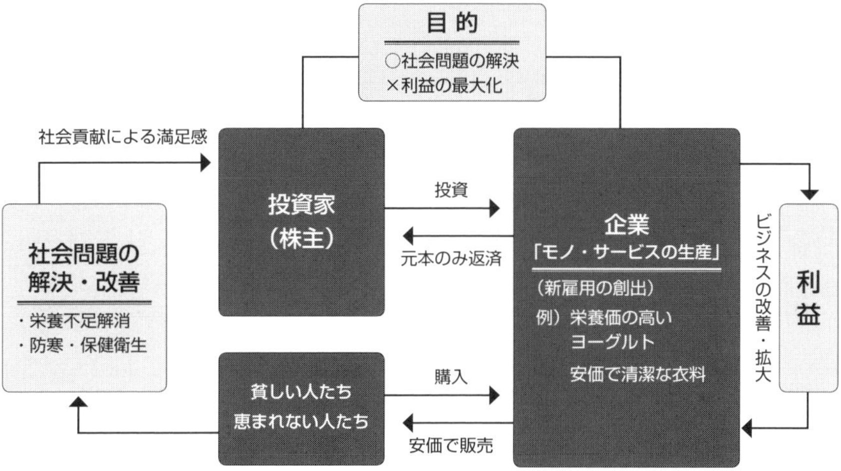

ソーシャル・ビジネス・ネットワーク
ソーシャル・ビジネス・ファンド——社会への普及と促進

グラミン銀行のアイデアに始まる、ソーシャル・ビジネスの世界的な展開は、マイクロ・ファイナンスというシステムの提供や普及として実行されている。

一方で日本、インド、アルバニア、ブラジル、ハイチ、ドイツなどの国々では、ソーシャル・ビジネス・ファンドが立ち上げられ、基金をそれぞれのソーシャル・ビジネスに投融資するという、システムが生まれてきている。

関連して、従来は「社会貢献」などの名目でチャリティ事業をおこなってきた企業が、自らが主体となってソーシャル・ビジネスに携わるという形が、一つの流れを形成しつつある。

グラミンファミリーの活動例

セクター	グラミン・カンパニー	コア・プロダクト/サービス
ヘルスケア	グラミン・クリニック Grameen Clinics	郊外での診療所
	グラミン眼科クリニック Grameen Eye Hospital	高精度の白内障手術と検査
ICT	グラミン・テレコム Grameen Telecom	携帯電話（Village phone）とインターネット・サービス
	グラミン・ソリューションズ Grameen Solutions	ビジネス·プロセス、IT アウトソーシング，コンサルティング
エネルギー	グラミン・シャクティ Grameen Shakti	発電のための自家用ソーラー・システム
農業	グラミン・クリシ Grameen Krishi	コミュニティー・ベースの漁業、農業および畜産業
繊維	グラミン・チェック Grameen Check	カスタム・メイド100%の手織りテキスタイル
	グラミン・ニットウェア Grameen Knitwear	コットン以外の織物
教育	グラミン・シッカ Grameen Shikkha	家族へのスポンサーシップ・ベースの教育サービス

ソーシャル・ビジネスの構築と展開

日本でのプロジェクトの展開を通じて、ソーシャル・ビジネスの実践的構築についての、基本コンセプトはより有効に練り上げられ、新しいステージでの展開を待っている。

九州大学でのワークショップを通じて作成された、「ソーシャル・ビジネスの構築方法」をテキストに、今後への課題内容を簡単にまとめておく。

ニーズを見つけ出す

——社会問題の存在⇒解決へのニーズを見出すことから、ソーシャル・ビジネスへの関わりは始まる。失業・アルコール依存症・公害・自殺・いじめ・虐待……。自分が真に変えたい、と願う社会問題は何？　周囲を見渡し、情報を収集して、プランニングへ。

壮大な目標から具体的な目標へ

——日常生活の中の、身近な問題からも解決すべき目標は見出せる。

個人的な情熱を足がかりに

——自分が情熱をそそぐことのできる対象について、その実現可能性を広げたり、阻害要因を取り除いたりすることから、共通の問題をとらえることができる。

誰のためのビジネスか

——障害者・高齢者・独居老人・ホームレス・精神病者……援助や協力を求めている集団や個人を探し、出会い、話した上で解決への方法論を考える。どんな商品やサービスが提供できるかを、企画する。

モデルの検証

——自分の見出した対象に対するビジネスモデルが、実際に有効であるか、実行可能であるか、どんな短所があるか、持続性があるか、経費はいくらかかるか、どのような専門知識と技術を要するか、時間をかけてブレインストーミングをおこない、検証する。

既存《きそん》のモデルを見直す

——同一テーマに関して、過去の取り組み例を調べる。意見を取り交わしてみる。何もかも新しいビジネスとして、出発する必要はない。

パートナーと協力する

——専門知識・人材・経験・アイデア・予算など、ソーシャル・ビジネスを起こし、成功させるために、必要なもの（力）を提供してくれるパートナーと、十分に話し合い、協力体制を作ることが肝心である。

パートナー協力の一覧表	
NGOや慈善団体	ソーシャル・ビジネスを設立し、これまでの業務を補足・強化する
投資家	社会に好影響を与えたいと考える個人、会社、投資ファンド、慈善団体、行政機関へ資金を投資する
技術パートナー	テクノロジー製品、専門知識の販売・ライセンス供与を行う
生産パートナー	生産品の原材料や、販売可能な完成品を提供する
人材パートナー	優秀な人材を斡旋する
流通パートナー	地理的に分散している顧客に商品を販売する
監査パートナー	ソーシャル・ビジネスの成果を定義・測定する
他の ソーシャル・ビジネス	既存のモデルを持っており、模倣、応用、実験、改良ができる

ソーシャル・ビジネスの今後（新たな課題）

経済・社会・政治・文化・気候など、あらゆる面で構造的な変化が起こり、古いシステムの行きづまりや崩壊が指摘される一方で、新しい秩序を築くための価値観や倫理は、いまだ形成されるにいたっていない。

まず、目の前にある矛盾を、社会問題として解決するという、個人と組織に課せられた命題は、かつて大きな災害の時に、自然に発生し、イデオロギーや社会的立場に拘束されずに展開された行動や、若者たちのボランティア活動と同様、ユヌス氏の理論と行為への率直な共鳴として、全世界で人々によって共有されつつある。

貧困の廃絶に向けたプログラムづくり

——旧来のシステムが自浄能力をなくし、社会的立場が現状維持や自己保身のほかに、何もなしえない状況に置かれているとき、改めて貧困に象徴される社会の問題と、矛盾を廃絶させる意志が、自身の生きられる道を探るために必要となる。ここでもユヌス氏の明快な言葉を引いておきたい。

「私は貧困のない世界を信じている。貧困は、貧しい人々によって作られたものではなく、社会システムが生み出したのだから」

大災害を事業実行へのニーズとしてとらえる

国家や社会、地域の危機的状況や、個人を脅かしている生活や健康上の困難は、それが出口のない絶望的なものであればあるほど、大きな逆転や問題解決のチャンスであり得る。社会や地域を支配する、既存の権力や権威では対処できない現実が、課題として浮上している。そのとき、解決へのニーズの高まりとともに、ビジネスの成り立つ可能性が熟しているのを感じたなら、その時機を逃すべきではない。国や行政、政党が実行できない課題を、個人や企業や自発的な組織が追求し、実現させる可能性は、むしろ危機の中で高まっていると思われる。

政治・経済を超えた試みへ

——近現代の歴史や国際状況の中で、政治や外交が解決できないまま推移してきた問題が、経済や人的交流の領域で、自然に解決していく例がいくつも見られる。社会問題の解決と、ビジネスプランの推進を、車の両輪とするソーシャル・ビジネスも、政治と経済の両面で超えていくべきであろう。

日本での可能性の拡大 ソーシャル・ビジネスの世界展開と現在的な位置

最後に、若い企業人や学生の参加と挑戦を念頭に置いて、再びQ&A方式を採用してソーシャル・ビジネスの、世界展開へ向けた問題意識を探ってみたい。

Q1 ネットを舞台とするテクノロジーの発展は、ソーシャル・ビジネスの新しい可能性の拡大に繋がるでしょうか。

A1 若い方々が、インターネットや携帯電話の機能を自在に使いこなすようになって、自分の適応能力や、それを駆使した情報管理の能力に、自分自身を拡張するような自信を感じているとしたら、その自信は文字通り、ソーシャル・ビジネスを推進するパワーに直結すると思います。情報収集の段階でも、従来とは次元の違う武器になるでしょう。ユヌス氏の言葉を借りれば、「現代の若者たちは、人類史上最強の人類である。なぜなら、ITという武器を手にしたから」ということになります。

Q2 **貧困とはほとんど無関係に、各種のゲームやイメージキャラクター、アプリケーションと親しみながら、ネットを通して個人と個人のネットワークを作ってきた世代が、社会問題を解決するための、ビジネスの主役になっていくことに、ユヌス氏はシステムの創建者として不安や異和を感じないのでしょうか。**

A2 おそらく不安や異和は感じないし、むしろ期待が高まることと思います。

気持ちよく、自由にネット世界を遊泳し、海外へ出かけ、やりたい仕事をつづけていくために、自国内や発展途上国の経済問題や社会問題を解消しなければなりません。解消できなければ、他人が被《こうむ》っているその災いのツケは、自分の生活や健康や家族に及んで来ます。これは決して、被害妄想の世界ではないのです。

「貧困」が、お金がないという深刻な事実とともに、心の病、貧しいゆえの争いなど、負の連鎖を引き起こす環境、世界の貧困＝社会問題として、彼らは鋭く感じ取っているはずです。ソーシャル・ビジネスが、ネットワークやファンドの投資を通じて、外国の未知の世界へも広がっていくとき、子ども時代に経験したゲームやキャラや映像経験が、他人の置かれている境遇や、他国が直面している危機の状況を正確に把握し、自分自身の生きられる道を探し出していくために、きっと力を貸してくれるように思います。そこにソーシャル・ビジネスの、新たな成立を想定することはできると考えます。

（了）

ユヌス博士と日本

九州大学教授　岡田　昌治

皆さんは、二宮尊徳《そんとく》（金次郎《きんじろう》、1787〜1856）という人を知っているでしょう。薪《まき》を背負って本を読んでいる少年期の像が有名な江戸時代の偉人です。

彼の考え方を表すたとえとして、〝道徳のない経済は犯罪である。経済のない道徳は戯言《ざれごと》である〟という意味の言葉が伝わっています。

我々のまわりの世界は市場経済主義が支配し、極論すれば、法律を守っている限り、どのような方法で金儲けをしてもよい、という社会システムになっています。「世のため人のため」に商売をするという気持ちは、なくなりつつあるように見えます。人を助けるために、寄付やボランティアという行為もありますが、続けることが難しく、その場しのぎ的なものになってしまいがちです。

尊徳の言葉は、社会の問題を解決するために、まず個々が社会的な価値観をもって自立し、その意思の下に商売を継続すること――すなわち〝道徳ある経済〟の大切さを訴えたものです。国の違いはあるものの、この発想は、ユヌス博士の「ソーシャル・ビジネス」の考えと多くの共通点があると思われます。

ユヌス博士は、ノーベル平和賞受賞者ということだけでなく、世界の社会改革家のなかで、今もっとも注目されている人物の一人です。

20世紀後半に、経済、政治、生活、環境、医療、エネルギーなどの分野において、深刻な問題が噴出しました。このような社会問題を解決していくことを目的に、自立・持続を前提としてユヌス博士が提唱したメソッドが、「ソーシャル・ビジネス」です。「地域の社会問題の解決」をめざしている点で、「利益の最大化」をめざす一般のビジネスとは目的が根源的に違います。

ＮＰＯなども、同様に社会問題の解決に取り組んでいますが、「補助金、寄付、ボランティア等」に頼らざるを得ない面があり、ユヌス博士の事業プランのように、自立・持続を前提にできません。

ちなみに日本では、これらのＮＰＯもソーシャル・ビジネスと呼ばれていますが、ユヌス博士の「ソーシャル・

ビジネス」は、むしろ二宮尊徳の〝道徳ある経済〟と同じ思想に基づくものであると考えられます。そのような意味でも、NPOなど海外から輸入された概念と違って、日本人には理解しやすい考え方です。実際に、ユヌス博士の考え方に賛同して、バングラデシュで、グラミン・グループと共同事業を展開している日本企業や大学などが出てきています。ユニクロ、フェリシモなどの企業や、九州大学などの機関は、さらに地域と規模を拡大して、様々なユヌス博士の「ソーシャル・ビジネス」に関わっています。

尊徳に限らず、昔の日本人たちは、食糧・人材・エネルギーなどが量的に限りあるこの極東の地で生きていくために、現にある社会や自然環境を大切にしなければ、自らも生きていけないことを知っていました。我々日本人の中には、そのようなDNA（遺伝子）が受け継がれています。ユヌス博士の提唱するプランは、そのような日本人の資質を呼び起こさせる考え方でもあります。

「ソーシャル・ビジネス」は、開発途上国に限ったものではありません。社会問題があるところでは、どこにでも生まれ、展開されるべき実践的な取り組みです。たとえば、日本にも、多様な社会問題が存在します。現実生活に困っている人たちや、破壊され構造的に変質していく自然環境など、皆さんの街や学校のまわりにもそのような問題が数多くあるでしょう。

個々の小さな問題を解決していくことから、この事業はスタートすることができるのです。

そのために必要なものは何でしょうか。

ユヌス博士がいつも講演で話されるのが「情熱」と「創造力」です。

目の前の社会的な問題と矛盾を解決する情熱をしっかりと持ち、あきらめずに突き進んでいくこと。そして、自分の中にある無限の「創造力」を信じて、努力し物事に取り組んでいくこと。この二つを忘れずに、日本人本来の遺伝子を呼び覚まし、21世紀の世界に、「ソーシャル・ビジネス」の大きな波を起こしていこうではありませんか。

『ユヌス教授のソーシャル・ビジネス まんが版』制作委員会

代 表	安浦 寛人	九州大学ユヌス&椎木ソーシャル・ビジネス研究センター センター長 http://sbrc.kyushu-u.ac.jp/
	浮舟 邦彦	学校法人 滋慶学園 理事長 http://www.jikeigroup.net/
企画・構成	加来 耕三	歴史家。作家。滋慶学園COMグループ 名誉教育顧問 http://www.kaku-kouzo.com/
監 修	岡田 昌治	九州大学ユヌス&椎木ソーシャル・ビジネス研究センター、 グラミン・クリエイティブ・ラボ@九州大学 エグゼクティブ・ディレクター
	川人 清	ミドルテネシー州立大学 名誉教授 ハンス・ライツ グラミン・クリエイティブ・ラボ@フランクフルト http://www.grameencreativelab.com/
	ユヌスセンター(Yunus Centre)	http://www.muhammadyunus.org/
協 力	井上 良子	九州大学ユヌス&椎木ソーシャル・ビジネス研究センター、 グラミン・クリエイティブ・ラボ@九州大学 コーディネーター
	岩原 辰夫	滋慶学園グループ 国際部
	岸本 晴廣	滋慶学園ソーシャル・ビジネス研究センター コーディネーター
原作	すぎたとおる	漫画原作者 小説家 1969年福岡県北九州市生まれ 1996年第2回集英社青年漫画原作大賞を受賞 2002年より東京コミュニケーションアート専門学校講師 現在は、東京デザインテクノロジーセンター専門学校講師
作画	早川 大介	漫画家 イラストレーター 1977年静岡県生まれ 1999年東京コミュニケーションアート専門学校卒業 現在は、東京コミュニケーションアート専門学校講師

グラミン銀行創設者・ノーベル平和賞受賞者
ユヌス教授のソーシャル・ビジネス まんが版

企画・構成　加来　耕三
原作　すぎた　とおる
作画　早川　大介

カバーデザイン　北川　敏明
本文デザイン　岡田　舞子／岡田　直樹／株式会社スタジオポルト

発行者　田仲　豊徳
発行所　株式会社 滋慶出版／土屋書店
〒150-0001　東京都渋谷区神宮前3-42-11
TEL.03-5775-4471（代表）　FAX.03-3479-2737
URL　http://tuchiyago.co.jp/
E-mail　shop@tuchiyago.co.jp

印刷・製本　図書印刷株式会社